essentials

Springer Essentials sind innovative Bücher, die das Wissen von Springer DE in kompaktester Form anhand kleiner, komprimierter Wissensbausteine zur Darstellung bringen. Damit sind sie besonders für die Nutzung auf modernen Tablet-PCs und eBook-Readern geeignet. In der Reihe erscheinen sowohl Originalarbeiten wie auch aktualisierte und hinsichtlich der Textmenge genauestens konzentrierte Bearbeitungen von Texten, die in maßgeblichen, allerdings auch wesentlich umfangreicheren Werken des Springer Verlags an anderer Stelle erscheinen. Die Leser bekommen „self-contained knowledge" in destillierter Form: Die Essenz dessen, worauf es als „State-of-the-Art" in der Praxis und/oder aktueller Fachdiskussion ankommt.

Albert Scherr

Kriminalität, innere Sicherheit und soziale Unsicherheit

Sicherheitsdiskurse als Bearbeitung gesellschaftsstrukturell bedingter Ängste

 Springer VS

Albert Scherr
Institut für Soziologie
Pädagogische Hochschule Freiburg
Freiburg, Deutschland

ISSN 2197-6708
ISBN 978-3-658-04382-7
DOI 10.1007/978-3-658-04383-4

ISSN 2197-6716 (electronic)
ISBN 978-3-658-04383-4 (eBook)

Die Deutsche Nationalbibliothek verzeichnet diese Publikation in der Deutschen National-
bibliografie; detaillierte bibliografische Daten sind im Internet über http://dnb.d-nb.de ab-
rufbar.

Springer VS

Springer VS ist eine Marke von Springer DE. Springer DE ist Teil der Fachverlagsgruppe
Springer Science+Business Media
www.springer-vs.de

Vorwort

In den Massenmedien und im politischen Diskurs wird wiederkehrend ein Anstieg von Kriminalität, insbesondere von Gewaltkriminalität behauptet. Die Annahme, dass Gewalt und Kriminalität zunehmen und immer schlimmer werden, findet breite Zustimmung. Dies ist der Fall, obwohl die Daten der Kriminalstatistik dies keineswegs bestätigen und im Alltag Erfahrungen mit schweren Formen der Kriminalität selten vorkommen. Folglich ist zu fragen wie der Eindruck bedrohlicher und unsicherer Verhältnisse erzeugt wird und warum er als eine zutreffende Beschreibung der sozialen Wirklichkeit erscheint.

Eine bedeutende Rolle kommt dabei zweifellos den Massenmedien zu. Sie produzieren dramatische Darstellungen spektakulärer Ereignisse und verwenden Gewalt und Kriminalität als zentrale Mittel für der Erzeugung von Aufmerksamkeit und Spannung. Es genügt jedoch nicht darauf hinzuweisen, dass wir unsere Vorstellungen über die soziale Wirklichkeit zu einem erheblichen Teil aus den Inszenierungen der Massenmedien beziehen. Es ist auch nicht zureichend ergänzend anzumerken, dass es politische Interessen an der Dramatisierung von Kriminalität gibt: Die Behauptung zunehmender Kriminalität eignet sich für die Begründung von Forderungen nach einer Stärkung ordnungspolitischer Instrumentarien, z. B. durch die Verschärfung des Strafrechts und den Ausbau von Überwachung.

In der sozialwissenschaftlichen Forschung ist darüber hinaus aufgezeigt worden, dass sozial verbreitete Ängste vor Kriminalität eine Ursache in generellen Wahrnehmungen sozialer Unsicherheit haben, die durch die gesellschaftliche, insbesondere die wirtschaftliche und politische Entwicklung bedingt sind. Um zu verstehen, warum die Vorstellung zunehmender Kriminalität und immer brutaler werdender Gewalt breite Zustimmung findet, ist es deshalb erforderlich, wirtschaftliche, sozialpolitische und kriminalpolitische Entwicklungen umfassender zu betrachten.

Der vorliegende Text ist in einer ersten Fassung in dem von Axel Groenemeyer herausgegeben Band ‚Wege der Sicherheitsgellschaft‘ (VS Verlag 2010) erschienen.

Inhaltsverzeichnis

Einleitung 1

Ausgangspunkt der folgenden Überlegungen ist die in der einschlägigen Fachdiskussion verbreitete These eines Zusammenhanges zwischen ökonomisch und gesellschaftspolitisch bedingter Unsicherheit einerseits und ihrer politischen Bearbeitung als Kriminalitätsfurcht andererseits. Mit unterschiedlicher Akzentuierung wird in den einschlägigen Diskussionsbeiträgen (vgl. Garland 2003; Hirtenlehner 2006; Krasmann 2003: 256 ff.; Kury 2008a, b; Mahnkopf 2008; Scherr 1997; Stehr 2008; Wacquant 2000, 2008) angenommen, dass die Verbindung eines krisenhaften ökonomischen Wandels mit einer neoliberal konturierten Politik des Ab- und Umbaus des Sozialstaates in Richtung auf eine so genannte aktivierende Sozialpolitik (siehe z. B. Dahme und Wohlfahrt 2005) zur Ausbreitung sozialer Ängste führt, zu einer „Verallgemeinerung von Unsicherheit" (Unger 2007: 55). Dieses diffuse Unsicherheitserleben werde im Rahmen der Politik Innerer Sicherheit aufgriffen und dort in einer spezifischen Form bearbeitet: Die in sozialer Entsicherung begründete Wahrnehmung, mit einer bedrohlichen gesellschaftlichen Entwicklung konfrontiert zu sein, werde als mit den Mitteln von Polizei und Strafjustiz bearbeitbare Angst vor Kriminalität, insbesondere vor Gewaltkriminalität, thematisiert. Dies führe zu einer Stärkung repressiver Formen der Überwachung und Kontrolle – nicht zuletzt mit dem Effekt einer sozial selektiven Kriminalisierung der Armutsbevölkerung; zu einer Veränderung, die Wacquant (2008: 401) pointiert als Transformation des Sozialstaates „zum Strafstaat" charakterisiert.

Eine solche Tendenz der Verschiebung von einer sozialpolitischen zu einer kriminalpolitischen Bearbeitung von Unsicherheit, Armut und Ausgrenzung ist für die USA inzwischen recht umfassend dokumentiert und analysiert worden (siehe etwa Garland 2003; Simon 2007; Sutton 2004a; Wacquant 2000, 2006, 2008; als Überblick Dollinger 2007: 152 ff.). Deutlichstes Indiz hierfür ist ein Anstieg der Zahl der Gefängnisinsassen von 380.000 im Jahr 1975 auf ca. 2 Mio. im Jahr 2000, bei einem gleichzeitigen massiven Abbau von Sozialleistungen (Wacquant 2008: 400).

A. Scherr, *Kriminalität, innere Sicherheit und soziale Unsicherheit*, essentials,
DOI 10.1007/978-3-658-04383-4_1, © Springer Fachmedien Wiesbaden 2014

Die Beobachtung eines massiven Anstiegs der Inhaftiertenraten nicht nur in den USA, sondern in zahlreichen Gegenwartsgesellschaften mit einem neoliberalen Politikregime führt bei Wacquant (2012: 687) zu der Folgerung, dass „eine ausgedehnte Politik des Strafens" nicht nur als Nebeneffekt, sondern als ein wesentlicher Bestandteil einer weltweit dominanten neoliberalen Strategie der Umstrukturierung des Staats zu betrachten sei: „Der Machtzuwachs und die öffentliche Verherrlichung seines bestrafenden Flügels sind nicht bloße Erscheinungen des neoliberalen Überbaus, sondern wesentliche Bestandteile des neoliberalen Leviathans." (ebd.: 691). Länder wie etwa Kanada, Deutschland, Österreich, Finnland und Schweden, in denen bislang kein massiver Anstieg des Anteils der Strafgefangenen zu beobachten ist, betrachtet Wacquant als „nur bedingt beweiskräftige Ausnahmen" (ebd.: 691).

Dem korrespondieren Beiträge zur sozialwissenschaftlichen Diskussion, die auch für Deutschland mit einem Ausbau ordnungspolitischer Konzepte des Strafen rechnen (s. etwa Klimke 2013). Wie im Weiteren zu zeigen sein wird, ist die Annahme einer neoliberalen Entwicklung, in der ein Abbau wohlfahrtsstaatlicher Hilfen mit einer Stärkung der strafenden Hand des Staates einhergeht, für die Bundesrepublik jedoch problematisch. Denn es sind zwar durchaus ähnliche Tendenzen, aber auch erhebliche Unterschiede in Rechnung zu stellen. Dies gilt im Hinblick auf zumindest drei Dimensionen:

- Ein erheblicher Abbau sozialstaatlicher Leistungen hat zwar durchaus stattgefunden; dieser geht jedoch keineswegs mit einer Absenkung sozialer Leistungen auf das US-amerikanische Niveau einher und auch nicht mit einer vergleichbaren Entstehung von Hyper-Ghettos mit einer, so Wacquant, „endemischen Kriminalität" (Wacquant 1997: 173) und einer weitereichenden „Politik der Kriminalisierung von Armut" (Wacquant 2008: 401). Lebensverhältnisse wie in US-amerikanischen Ghettos, in denen Drogenkriminalität und Prostitution eine der wenigen Möglichkeiten sind, absoluter Armut zu entkommen, sind in der Bundesrepublik nicht gegeben und auch eine Drogenpolitik, die stärker auf Prävention und Therapie statt auf drastische Bestrafung setzt, stellt einen folgenreichen Unterschied dar.
- Kriminalpolitik ist zwar durchaus auch in der Bundesrepublik eine, aber zumindest gegenwärtig nicht die zentral bedeutsame Form der Thematisierung und Bearbeitung gesellschaftsstrukturell bedingter Ängste. Vielmehr ist im politischen Diskurs seit Mitte der 1990er Jahre eher eine entdramatisierende Thematisierung gewöhnlicher Kriminalität zu beobachten (vgl. Kunz 2005). Staatlich-politische Bedrohungsszenarien und Sicherheitsversprechen fokussieren stattdessen nunmehr stärker die Bekämpfung der imaginierten Bedrohungen

durch islamischen Terrorismus einerseits, durch unerwünschte Einwanderung andererseits und entwickeln darauf bezogen Instrumente einer expansiven Sicherheitspolitik. Deren neue Qualität liegt nicht zuletzt darin, dass dabei von einer prinzipiellen Auflösung der Unterscheidung von äußerer und innerer Sicherheit ausgegangen wird. Einwanderungsbegrenzung, Kriegsführung, Stärkung des BKA und Alltagskriminalität werden damit in eine übergreifende Perspektive eingerückt, die in Forderungen nach einer Stärkung des Sicherheitsstaates münden (etwa Schäuble 2008).

- Durch Arbeitslosigkeit, Armut, Prekarisierung und die Einschränkung sozialstaatlicher Leistungen bedingte soziale Ängste werden in der Bundesrepublik politisch thematisiert und eigenständig artikuliert; vorliegende Daten belegen die Annahme einer Wahrnehmungsverschiebung im Sinne einer projektiven Verschiebung in Richtung auf wachsende Kriminalitätsfurcht nicht (s. u.).

Im Weiteren werde ich diese Einschätzungen zunächst etwas näher erläutern. Vor diesem Hintergrund werde ich dann nach den Bedingungen fragen, die eine Verschiebung gesellschaftlicher Ängste in Kriminalitätsfurcht bzw. Furcht vor Terrorismus und unregulierter Einwanderung ermöglichen bzw. verhindern. Abschließend werden die Verstrickungen sozialwissenschaftlicher Forschung in die politische und mediale Erzeugung von Bedrohungsszenarien anzusprechen sein.

Entwicklungstendenzen der Sicherheitspolitik 2

Varianten der These, dass gesellschaftsstrukturell bedingte soziale Unsicherheit auf der Grundlage unterschiedlicher Verschiebungen indirekt bearbeitet wird, knüpfen an einen sozialwissenschaftlichen Diskurs an, der seit Beginn der 1980er Jahre damit rechnet, dass die strukturelle Krise des Fordismus, der auf hohen Wachstumsraten und Vollbeschäftigung beruhenden Ökonomie, zu einer Infragestellung des tradierten Sozialstaatsmodells und zugleich einem Ausbau repressiv-kontrollierender Sicherheitspolitik führen wird. Bereits 1980 formulierte Joachim Hirsch in seiner Monografie mit dem programmatischen Titel ‚Der Sicherheitsstaat':

> Die Entwicklung des Sicherheitsstaates kann als Ausdruck einer spezifischen politisch-sozialen Krise des Fordismus gewertet werden. … Je prekärer die massenhafte gesellschaftliche ‚Normalisierung' wird, desto heftiger werden die Reaktionen auf (tatsächliche oder drohende) ‚Abweichungen' … Das ist der Grund dafür, dass das hervorstechende Charakteristikum der aktuellen Veränderungen im Staatsapparat die Herausbildung, Ausdifferenzierung und Vereinheitlichung umfassender Kontroll- und Überwachungsnetze ist. (Hirsch 1980: 94 ff.)

Vergleichbare Überlegungen finden sich aktuell prominent in den Analysen von Loïc Wacquant. Er fasst seine Diagnose wie folgt zusammen:

> Das Paradoxon des neoliberalen Strafregimes besteht darin, ‚mehr Staat' in Gestalt von Polizei, Strafgerichten und Gefängnissen in Stellung zu bringen, um der allgemeinen Zunahme objektiver und subjektiver Unsicherheit zu begegnen, die gerade durch ‚weniger Staat' an der Wirtschafts- und Sozialfront in den führenden Ländern der Ersten Welt verursacht wurde. … Dies ist kein bloßer Zufall: Gerade weil die Staatseliten, nachdem sie zu der neuen herrschenden Ideologie des allmächtigen Marktes konvertiert waren, die Zuständigkeit des Staates für sozioökonomische Angelegenheiten beschnitten oder aufgegeben haben, müssen sie seine Mission in Sachen ‚Sicherheit' überall ausweiten und stärken. (Wacquant 2005: 131)

A. Scherr, *Kriminalität, innere Sicherheit und soziale Unsicherheit*, essentials, DOI 10.1007/978-3-658-04383-4_2, © Springer Fachmedien Wiesbaden 2014

Untersuchungen der sicherheitspolitischen Diskurse (etwa Kampmeyer und Neumeyer 1993; Kunz 2005) und der Gesetzesentwicklung seit den 1980er Jahren (siehe Dünkel 2002; Klose und Rottleuthner 2008; Hirsch 2008) sind vielfältige empirische Belege zu entnehmen, die diese Einschätzungen bestätigen. Burkhard Hirsch (2008: 15) fasst seinen Rückblick auf die Entwicklung seit Beginn der 1980er Jahre zu der Einschätzung zusammen, dass sich ein Prozess der „innenpolitischen Aufrüstung" vollzogen habe und verweist in diesem Zusammenhang auf folgende neu geschaffene Gesetze bzw. Gesetzesänderungen:

- das Anti-Terrorismus-Gesetz von 1976;
- das Gesetz zur Bekämpfung des Terrorismus von 1986;
- das Gesetz zur Bekämpfung der Organisierten Kriminalität von 1992;
- das Verbrechensbekämpfungsgesetz von 1994;
- das Gesetz zur Bekämpfung der organisierten Kriminalität von 1998;
- die Terrorismusbekämpfungsgesetze von 2002 und 2003 und das Terrorismusbekämpfungsänderungsgesetz von 2006;
- Änderungen der Polizei- und Verfassungsschutzgesetze der Länder, verschiedene Strafrechtsänderungsgesetze, das Telekommunikationsgesetz von 1996.

Für den Bereich des Strafrechts und der Kriminalpolitik diagnostiziert Hassemer (2006) zudem den wachsenden Einfluss von Gefahrenabwehrdiskursen, die die Freiheitsrechte und Unschuldsvermutungen unter den Verdacht stellen, präventiv sinnvolle Sicherheitsmaßnahmen zu behindern. Klose und Rottleuhtner (2008: 393) argumentieren, dass ein „kumulativer Effekt der Sicherheitsgesetzgebung" zu diagnostizieren sei. Dieser resultiere daraus, dass gesetzliche Normen, die in bestimmten Phasen der Sicherheitspolitik geschaffen wurden, in Folge des Bedeutungsrückgangs einer sicherheitspolitischen Bedrohung nicht abgeschafft wurden, sondern erhalten blieben. Den skizzierten Entwicklungen korrespondieren auf der Ebene der politischen und medialen Diskurse unterschiedliche Kampagnen seit den 1980er und 1990er Jahren, in denen zunehmende Gewalt, Jugendkriminalität, Kinderkriminalität sowie Ausländerkriminalität thematisiert wurden (siehe Cremer-Schäfer und Steinert 1998: 94 ff.; Stehr 2008: 319 ff.).

Es finden sich also nicht nur in den USA, sondern auch in Europa und in der Bundesrepublik Tendenzen, die die These einer postfordistischen bzw. neoliberalen Umstellung von einer sozialstaatlichen Integrationspolitik zu einer ausgrenzenden und punitiven Politik bestätigen. Hinzuweisen ist aber im Vergleich Westeuropas mit den USA auch auf erhebliche Unterschiede: Die *Gefangenenrate* ist in der Bundesrepublik zwischen dem Anfang der 1980er Jahre und dem Anfang der 1990er Jahre zunächst gesunken, dann wieder auf das Ausgangsniveau von ca. 100 Ge-

	Gefangene pro 100.000 Bewohner	
	2000 bzw. 2001	2010 bzw. 2011
Japan	51	57
Finnland	60	61
Schweden	64	74
Deutschland	98	88
Frankreich	75	98
Kanada	115	117
England + Wales	127	153
Spanien	114	166
Russland	636	609
USA	683	731

Abb. 2.1 Ausgewählte Gefangenenraten im internationalen Vergleich. (Quelle: www.prisonstudies.org/info/worldbrief)

fangenen pro 100.000 Einwohner gestiegen, seit Mitte der 1990er Jahre aber wieder gefallen (Dünkel 2002: 8; Kießling 2008; Dünkel und Geng 2013). Zuwachsraten wie in Großbritannien oder den USA sind hierzulande jedoch – jedenfalls bislang – nicht festzustellen (vgl. Abb. 2.1).

Vor dem Hintergrund der ca. um den Faktor 8 höheren Inhaftiertenraten in den USA hat Alber (2006) entsprechend angemerkt, dass die „Gefangenenrate … neben der Armutsquote und der Einkommensungleichheit" eines der zentralen Merkmale ist, die das europäische Sozialmodell deutlich von den USA unterscheiden. Damit übereinstimmend hat Sutton (2004a, b) in einer international vergleichenden Datenanalyse aufgezeigt, dass es einen signifikanten Zusammenhang zwischen dem gesellschaftlichen Einfluss von Gewerkschaften und sozialdemokratischen bzw. linken Parteien einerseits und Inhaftierungsraten andererseits gibt. Er argumentiert, dass sich dieser Zusammenhang zentral darüber herstellt, dass sozialstaatliche Politik es erlaubt, auf eine Politik der Kriminalisierung der Armen und Arbeitslosen weitgehend zu verzichten. Wer sozialstaatlich alimentiert oder in sozialstaatlich finanzierten Maßnahmen beschäftigt wird, wird, so sein zentrales Argument, damit der Population der deklassierten Armen entzogen, die einem hohen Kriminalisierungsrisiko unterliegt.

Vor diesem Hintergrund stellt Sutton die von Wacquant formulierte Prognose in Frage, dass in der Folge der Tendenz zu einer wirtschaftspolitischen Anlehnung Europas an den US-amerikanischen Neoliberalismus auch mit einer Adaption der „more punitive means of managing inequality" US-amerikanischer Prägung zu rechnen sei (Sutton 2004a: 14). Wacquant (2002: 269 ff.) hat selbst auf eine weitere Differenz hingewiesen: Eine rassistisch codierte Politik der Kriminalisierung der

Armutsbevölkerung auf der Grundlage einer Sozial- und Wirtschaftspolitik, die zur Herausbildung von „Hyperghettos" (ebd.: 274) mit einer „endemischen Kriminalität" (Wacquant 1997: 173) geführt hat, die einen enormen Anstieg der Zahl der Tötungsdelikte einschließt, hat in Europa keine direkte Entsprechung.

Zudem setzen sich die erwähnten Kriminalitätsdiskurse der 1980er und 1990er Jahre gegenwärtig in der Bundesrepublik nicht fort. In der politischen Kommentierung der Kriminalitätsberichterstattung wird aktuell gerade nicht die Gefährdung durch wachsende Kriminalität behauptet. Vielmehr wird Deutschland dort als „eines der sichersten Länder der Welt" (Schäuble und Zypries 2006: XLI; Schäuble 2008) dargestellt und eine entdramatisierende Thematisierung gewöhnlicher Kriminalität angestrebt, die die Ängste der Bürger zwar ernst nimmt, aber auf populistische Dramatisierungen verzichtet.

In die Funktion einer Bedrohung, durch deren Kontrolle und Bekämpfung staatliche Politik Sicherheit zu gewährleisten verspricht, werden stattdessen vor allem Islam bzw. Islamismus eingerückt. Dabei verbindet sich eine Deutung des Islam bzw. Islamismus als Gefährdung der Demokratie bzw. der westlichen Zivilisation mit einer Darstellung des Islamismus als Ursache von Terrorismus (siehe dazu Ruf 2006; Sing 2004, 2008: 181 ff.). Der damalige Bundesinnenminister formulierte 2007, dass „der weltweit operierende islamische Terrorismus … heute eine der größten Gefahren für unsere Sicherheit" sei (Schäuble 2007). Aus einer von ihm in Auftrag gegebenen sozialwissenschaftlichen Studie folgert er, „dass sich in Deutschland ein ernstzunehmendes islamistisches Radikalisierungspotential entwickelt" habe (ebd.). Der Entwurf eines neuen BKA-Gesetzes zielt entsprechend explizit auf die „Abwehr von Gefahren des internationalen Terrorismus" und schlägt dazu weitreichende Kompetenzausweitungen des BKA vor.

Dieser Gefahrenabwehrdiskurs verschränkt sich im Hinblick auf die nach Deutschland eingewanderten Muslime mit einem Verständnis von Integrationsmaßnahmen als Terrorismusprävention. Dabei geht der Bundesinnenminister – in offenkundiger Anlehnung an die sozialwissenschaftliche ,Desintegrationsthese' – davon aus, dass „ein deutlicher Zusammenhang zwischen defizitärer gesellschaftlicher Integration und fundamentaler religiöser Orientierung" (Schäuble 2007) besteht. Allerdings bezieht er – anders als die sozialwissenschaftliche Desintegrationsforschung – diese These wohl ausschließlich auf Muslime. Dem entspricht eine erhebliche Verbreitung von Abwehrhaltungen gegenüber dem Islam in der Bevölkerung: Der Islam wird von 70 % der Bevölkerung mit Fanatismus, von 60 % mit Gewaltbereitschaft assoziiert (Bade 2013: 18).

Die Gegenseite der innenpolitischen Bedrohungsszenarien, Kontroll- und Integrationsbemühungen stellt eine Migrationspolitik dar, die in Hinblick auf Flüchtlinge durch eine spezifische Verschränkung sozialpolitischer und sicherheitspolitischer Perspektiven gekennzeichnet ist. Zu Beginn der 1990er Jahre wurden Asylsuchende bekanntlich zentral als Belastung des Sozialstaates dargestellt und dabei zum Objekt einer folgenreichen Politik, welche die Begrenzung der so genannten ‚Asylantenfluten' zu einer zentralen Staatsaufgabe erklärte. Nach der massiven Einschränkung des Asylrechts 1993 transformierte sich die Auseinandersetzung über Asylsuchende in die Problematik der Kontrolle so genannter ‚Illegaler', auf die u. a. mit einem weitreichenden Ausbau von Sicherungsmaßnahmen an den EU-Außengrenzen reagiert wurde und wird.

Die zur Verhinderung illegalisierter Einwanderung geschaffene EU-Agentur *Frontex* verfügt über einen Jahresetat von über 70 Mio. €, 20 Flugzeuge, 25 Hubschrauber und 100 Boote (vgl. Jung 2008). Kritische Beobachter weisen darauf hin, dass die Außengrenzen der EU faktisch auch Außengrenzen der menschenrechtlichen Binnenmoral sind (Fischer-Lescano und Löhr 2007). Seit 1988 starben mehr als 18.000 Flüchtlinge an den Außengrenzen der EU, allein 2011 mehr als 2.500 (siehe dazu die Internetseite des Vereins *Pro Asyl*: http://www.proasyl.de/de). Die Empörung über diesen Sachverhalt hält sich ersichtlich in Grenzen. Hinzu kommen Verschärfungen der EU-Richtlinien, die eine Inhaftierung von Flüchtlingen innerhalb der EU ermöglichen (siehe Pelzer 2008) sowie der Aufbau so genannter Auffanglager vor allem in Nordafrika (siehe Forschungsgesellschaft Flucht und Migration et al. 2005; Pieper 2008). Damit ist eine Parallelstruktur zu den klassischen Gefängnissen entstanden, die als Institutionalisierung von Elementen einer transnationalen EU-Sicherheitspolitik verstanden werden kann.

Soziale Ängste und Kriminalitätsfurcht 3

In Hinblick auf die These einer Verschiebung von einer Politik des helfenden zu einer Politik des strafenden Staates liegt die Einschätzung nahe, dass es zwar auch im klassischen Bereich der Kriminalpolitik durchaus Tendenzen zu einer Erweiterung von Straftatbeständen und einer Verschärfung von Sanktionen mit der Folge eines Anstiegs der Zahl der Inhaftierten gibt, dass aber bislang keineswegs von einer qualitativen Veränderung auszugehen ist, die der US-amerikanischen Entwicklung korrespondiert. Veränderungen im Bereich des Strafrechts, des Jugendstrafrechts und der justiziellen Praxis kommen zudem gegenwärtig weitgehend ohne legitimierende Kampagnen aus, die eine dramatische Zunahme und Brutalisierung behaupten. Sie scheinen der öffentlichen Rechtfertigung kaum zu bedürfen und finden in der Öffentlichkeit eher geringe Beachtung. Auch Versuche der journalistischen Skandalisierung der Realität des Strafrechts (siehe etwa Prantl 2008), die Öffentlichkeitsarbeit von Bürgerrechtsorganisationen (siehe u. a. Müller-Heidelberg et al. 2007) und die wissenschaftliche Infragestellung des Sinns von Gefängnisstrafen (siehe Kury und Scherr 2013) erzielen nur begrenzte Resonanz.

Aus dieser Einschätzung der bisherigen Entwicklung kann aber ersichtlich nicht abgeleitet werden, dass ein weiterer Abbau sozialstaatlicher Leistungen in Verbindung mit einem forcierten Ausbau sicherheitsstaatlicher Instrumente ausgeschlossen werden kann. Insofern stellt sich die Frage nach den Erfolgsbedingungen, also auch den Legitimationsgrundlagen politischer Programmatiken, die auf eine kriminalpolitische Bearbeitung der tatsächlichen bzw. imaginierten Folgen zunehmender Ungleichheit bei gleichzeitigen Einschränkungen sozialstaatlicher Leistungen ausgerichtet sind.[1]

---

[1] Diese Frage stellt sich aktuell auch deshalb, weil durchaus Pläne zur Fortsetzung einer neoliberal konturierten Politik und zur Stärkung des strafenden Staates entwickelt wurden. So hatte die CDU zunächst angekündigt, der Thematik Innere Sicherheit im Bundestagswahlkampf 2009 einen zentralen Stellenwert zuzuweisen. In einem einschlägigen Eckpunktepapier wurden dabei u. a. folgende Forderungen formuliert: Ausbau von Erziehungscamps,

A. Scherr, *Kriminalität, innere Sicherheit und soziale Unsicherheit*, essentials,
DOI 10.1007/978-3-658-04383-4_3, © Springer Fachmedien Wiesbaden 2014

Diesbezüglich wurde die These entwickelt, dass eine solche Erfolgsbedingung in einer „Wahrnehmungsumlenkung" zu sehen sei, durch die soziale Unsicherheit sich in Kriminalitätsfurcht transformiert. Stehr (2008: 325) fasst diese These wie folgt:

> Thematisiert werden nicht mehr die sozioökonomisch verursachten problematischen Lebensverhältnisse einer ansteigenden Armutsbevölkerung, sondern die Armen werden nunmehr selbst moralisch verurteilt. Ihre vermeintliche ‚Kultur der Armut' ist vor allem darüber moralisierbar, dass sie als Ursache von Kriminalität und Gewalt definiert wird.

Diese These kann zwar einige Plausibilität für sich beanspruchen. Für die gegenwärtige Situation in der Bundesrepublik finden sich jedoch keine starken empirischen Belege dafür, dass sich eine solche Wahrnehmungsumlenkung tatsächlich vollzieht und dass sie sich spezifisch auf Kriminalität richtet. Im Gegenteil deuten die vorliegenden Befragungsdaten darauf hin, dass es zwar eine zunehmende Wahrnehmung sozialer Unsicherheit gibt, die sich jedoch als solche sowie als Feindseligkeit gegen Einwanderer und Minderheiten, aber nicht primär oder gar exklusiv als Kriminalitätsfurcht, artikuliert (siehe auch Heitmeyer und Mansel 2008).

Seit Anfang der 1990er Jahre dominieren unter den „Ängsten der Deutschen" nach den Daten der R + V-Versicherung (2007) „wirtschaftspolitische Themen". An der Spitze der abgefragten Ängste steht im Jahr 2006 die „Angst vor steigenden Lebenshaltungskosten", auf Platz 3 die „Angst vor Arbeitslosigkeit", während die „Angst vor Straftaten" sich auf Rangplatz 13 findet. Seitdem hat sich dieser Trend fortgesetzt: Nur noch 22 % der Deutschen haben nach der R + V-Studie 2012 Angst vor Kriminalität, womit Kriminalitätsfurcht nur noch Platz 15 einnimmt. In Hinblick auf die Entwicklung seit Beginn der 1980er Jahre stellt auch das Institut für Demoskopie Allensbach (2004) fest: „Während zu Beginn der 1980er Jahre Umweltängste und die Angst vor Kriminalität im Vordergrund standen, sind in den letzten Jahren soziale Sorgen und Ängste groß geworden." Angst davor, „dass ich überfallen und beraubt werde", äußerten im Jahr 1992 noch 42 % der Befragten, 2004 waren es nur noch 29 %. Vergleichbares zeigen weitere Items (ebd.).

Zudem hat die seit 2001 anhaltende Thematisierung des so genannten islamistischen Terrors zur Folge, dass seit 2003 die „Angst vor Terrorismus" auf der Rangliste der größten Ängste der Deutschen wiederkehrend den Rangplatz 5–6 eingenommen hat und sie war und ist eine Legitimationsgrundlage für Überwachungsgeset-

---

in die auch zu einer Bewährungsstrafe verurteilte Jugendliche verpflichtend eingewiesen werden können; Anwendung des Erwachsenenstrafrechts auf 18 bis 21-Jährige als Regelfall; Ermöglichung der Sicherungsverwahrung auch bei Heranwachsenden; Erleichterung der Bedingungen, unter denen straffällige Ausländer zwangsläufig ausgewiesen werden.

ze und die Erweiterung der Befugnisse der Sicherheitsbehörden. Zu den drei am meisten geäußerten Ängsten gehören nach den Daten der R + V-Studie gegenwärtig jedoch die „Angst vor steigenden Lebenshaltungskosten" (62 %), vor „überforderten Politikern" (55 %) und vor einer „schlechteren Wirtschaftslage" (52 %).

In Deutschland werden auf wirtschaftliche Entwicklungen bezogene Befürchtungen diesen Daten zufolge direkt artikuliert und eine projektive Verschiebung sozialer Ängste scheint in der Bundesrepublik eine spezifische Richtung zu nehmen, die sich auf Zuwanderung, insbesondere auf Muslime richtet. Dies wird auch darin deutlich, dass in der bereits erwähnten Allensbach-Befragung (Institut für Demoskopie Allensbach 2004: 2) Angst vor weiterer Zuwanderung mit 46 % am häufigsten genannt wird und in einschlägigen Untersuchungen (Heitmeyer 2012) eine verbreitete Feindseligkeit gegen unterschiedliche Minderheiten konstatiert wird.

Zwar gibt es durchaus auch empirische Hinweise darauf, dass es gleichwohl auch projektive Transformationen sozialer Ängste in Kriminalitätsfurcht gibt. So argumentiert Hirtenlehner (2006) auf der Grundlage einer österreichischen Regionalstudie, dass statistische Evidenzen dafür vorliegen, dass „Kriminalitätsfurcht … als Metapher bzw. Code für eine fundamentale existenzielle Verunsicherung fungieren kann". Zudem argumentiert Kury (2008a: 1), dass zwar nicht Kriminalitätsfurcht, aber durchaus Punitivität im Sinne der Forderung nach harten Strafen zugenommen hat.

Vor dem Hintergrund des bislang Dargestellten ist es aber nicht plausibel anzunehmen, dass sich gesellschaftspolitisch bedingte Ängste zwangsläufig und unmittelbar in Kriminalfurcht und eine darauf bezogene Sicherheitspolitik transformieren. Es ist vielmehr plausibel anzunehmen, dass im jeweiligen gesellschaftlichen Kontext einflussreiche politische und mediale Diskurse folgenreiche Angebote und Bahnungen dafür etablieren, wie sich soziale Ängste artikulieren bzw. welche Befürchtungen als sozial anschlussfähig und artikulierbar gelten. Solche Diskurse sind nun wiederum – wie in den Auseinandersetzungen bei der hessischen Landtagswahl im Jahr 2007 deutlich wurde – durchaus riskant. Der Versuch, durch die Thematisierung der vermeintlich hoch problematischen Kriminalität so genannter ausländischer Jugendlicher Wählerstimmen zu gewinnen, war in diesem Fall gerade nicht erfolgreich (siehe dazu Funke 2008).

An diesem Beispiel wird deutlich: Bedrohungsszenarien und Feindbildkonstruktionen sind potenziell umstritten und nicht beliebig durchsetzungsfähig. Diesbezüglich bedeutsame Erfolgs- und Misserfolgsbedingungen sind aber bislang wenig erforscht.

Eine erste Bedingung dafür, dass es durch mediale und politische Diskurse gelingen kann, unspezifische Ängste in Richtung auf bestimmte Bedrohungsszenarien in eine vermeintlich bearbeitbare Furcht zu transformieren, ist zunächst in der Entdifferenzierung der Problemwahrnehmung zu sehen. Konkrete Befürchtungen – etwa vor drohender Arbeitslosigkeit – müssen erst in eine unbestimmte Angst verwandelt werden, bevor sie – als Kriminalitätsfurcht, als Furcht vor terroristischen Bedrohungen oder ähnliches – diskursiv respezifiziert werden können. D. h.: Die Entstehung sozialer Gefühlslagen ist ein mehrstufiger Prozess, in dem politische Diskurse und die Massenmedien von zentraler Bedeutung sind: Sie erzeugen Vorstellungen davon, was bedrohlich ist, indem Entwicklungen dramatisiert oder entdramatisiert werden, bestimmte soziale Gruppen die in die Position des bedrohlichen Feindes eingerückt werden, andere dagegen nicht.

Eine Generalisierung, emotionale Aufladung und eine projektive Verschiebung von Befürchtungen ist nach vorliegenden Ergebnissen sozialpsychologischer Forschung insbesondere in Phasen einer kollektiven emotionalen Erregung wahrscheinlich, insbesondere dann, wenn reale oder imaginierte Bedrohungen zu Panik- bzw. Stressreaktionen führen, die das rationale Unterscheidungsvermögen einschränken. Dies führt dann zu projektiven Formen der Angstbewältigung, insbesondere zur Aggression gegen Minderheiten (siehe Aronson et al. 2004: 509).

In der einschlägigen sozialpsychologischen Forschung, die in den USA unter dem Titel „Terror-Management-Theory" betrieben wird (siehe Landau et al. 2004), wurde gezeigt, dass der politische Diskurs in den USA nach 9/11 wachsende Zustimmung für George Bush gerade darüber hergestellt hat, dass die Beschwörung einer weitreichenden Bedrohung mit der Inszenierung des mächtigen schützenden Führers verbunden wurde. In Referenz auch auf psychoanalytische Überlegungen, wie sie u. a. bei Fromm vorliegen (1966), wird zur Erklärung darauf verwiesen, dass die Wahrnehmung existenzieller Bedrohungen eine autoritäre Reaktionsbe-

A. Scherr, *Kriminalität, innere Sicherheit und soziale Unsicherheit*, essentials,
DOI 10.1007/978-3-658-04383-4_4, © Springer Fachmedien Wiesbaden 2014

reitschaft im Sinne der Bereitschaft freisetzt, sich Schutz versprechenden Autoritäten unterzuordnen.

Dass eine Dynamik kollektiver Erregung tatsächlich politisch hoch relevant werden kann, wurde in der Bundesrepublik Anfang der 1990er Jahre deutlich. Die politische und mediale Inszenierung einer Bedrohung durch so genannte ‚Asylantenfluten' und ‚Einwanderungswellen' hat einerseits fremdenfeindliche Gewalt freigesetzt, andererseits zur Konturierung und Verstetigung einer Flüchtlings- und Asylpolitik geführt, in deren Zentrum das Versprechen steht, durch repressive Maßnahmen Schutz vor unkontrollierter Zuwanderung zu bieten.

Eine weitere Plausibilitätsbedingung solcher Diskurse, die an Ängste appellieren, kann darin gesehen werden, dass die als Projektionsfolie angebotene Bedrohung hinreichend plausibel erscheinen muss: Es ist erforderlich, glaubhaft zu machen, dass die Bedrohung auch tatsächlich existiert, denn die Adressaten einschlägiger Appelle können diese hinterfragen.

Diesbezüglich wäre es jedoch zweifellos naiv, von der Annahme einer direkten Realitätsprüfung durch das Publikum medialer und politischer Diskurse auszugehen – zumal es sich um mediale Realitätskonstruktionen handelt, die in der Regel kaum einen Bezug zu in eigenen alltäglichen Kontexten erfahrbaren und überprüfbaren Sachverhalten haben.

Eine wichtige Rolle bei der Beglaubigung oder Infragestellung entsprechender Behauptungen spielen deshalb diejenigen, die als exponierte Journalisten sowie politisch und medial nachgefragte wissenschaftliche Experten und Expertinnen politisch angebotene Realitätsdeutungen kommentieren.[1] Folglich kommt auch sozialwissenschaftlichem Wissen in diesem Zusammenhang eine nicht vernachlässigbare Bedeutung zu.

---

[1] Eine soziale Funktion von Talkshows ist entsprechend darin zu sehen, dass hier dem Publikum Experten und Expertinnen vorgeführt werden, die jeweilige Realitätsannahmen validieren oder bezweifeln und so zur Erzeugung eines Common Sense beitragen.

Schlussbetrachtung: Die Logik des Verdachts 5

Diesbezüglich ist nun festzustellen, dass bei der Konstruktion von Bedrohungsszenarien nicht nur im politischen und medialen Diskurs, sondern auch im wissenschaftlichen Diskurs ein Denkstil einflussreich ist, der als ‚Logik des Verdachts' gekennzeichnet werden kann. Grundlegendes Kennzeichen dieses Denkstils ist die Vermutung, dass Gruppen, welche die Eigenschaft X haben, mit hoher Wahrscheinlichkeit dazu neigen, Y zu tun. Diese Logik des Verdachts ist nicht mit Vorurteilen gleichzusetzen, denn sie ist auch in der Form rationaler wissenschaftlicher Argumentationen vorzufinden und sie wird auch in guter, verstehender Absicht eingesetzt.

Dass man sich nicht wundern müsse, wenn die Armen stehlen, da ihr Elend ihnen dafür gute Gründe gibt, wird bereits bei Friedrich Engels formuliert; der bekannte Topos, dass Sozialpolitik die beste Kriminalpolitik sei, setzt die Annahme einer Verknüpfung von schlechter sozialer Lage und Kriminalitätsneigung voraus. Wenn Varianten dieser Verknüpfung auch gegenwärtig noch als gültig behauptet werden und damit suggeriert wird, dass Armut die Wahrscheinlichkeit solcher Formen von Kriminalität steigert, die die Sicherheit der Wohlhabenden bedrohen, dann liegt es geradezu nahe, den Ausbau sicherheitsstaatlicher Instrumente als eine notwendige Ergänzung des neoliberal als erforderlich betrachteten Abbaus sozialstaatlicher Leistungen zu begreifen.

Sozialätiologisch ausgerichtete Kriminalitätstheorien, die darauf zielen, Sozialpolitik als kriminalpräventive Politik einzufordern, müssen entsprechend damit rechnen, dass sie unter neoliberalen Vorzeichen als Legitimationstheorien für Kontroll- und Sanktionskonzepte interpretiert werden, die sich gegen die Armutsbevölkerung bzw. die so genannten Desintegrierten richten. Denn sie etablieren, wenn auch in guter Absicht, einen kriminalitätsbezogenen Generalverdacht gegen die sozial Deklassierten. Und unter Bedingungen, in denen es an Möglichkeiten und/ oder der Bereitschaft fehlt, ausreichende Sozialleistungen bereit zu stellen, erscheint

A. Scherr, *Kriminalität, innere Sicherheit und soziale Unsicherheit*, essentials, DOI 10.1007/978-3-658-04383-4_5, © Springer Fachmedien Wiesbaden 2014

es vor diesem Hintergrund plausibel zu sein, mit einem Anstieg von Delikten zu rechnen und deshalb intensivere Kontrollen und härtere Sanktionen vorzusehen.

Sozialätiologische Kriminalitätstheorien waren und sind damit in den Prozess der sozialen selektiven Kriminalisierung involviert – und sie können dies wissen. Dies ist kein Generaleinwand gegen die Legitimität einer Forschung, die sich mit dem Konnex von sozialen Lagen und Prozessen sozialer Ausgrenzung mit Kriminalisierung und Kriminalität befasst.

Es wäre m. E. aber durchaus geboten, im Hinblick auf die Kommunikationsbedingungen des medialen und politischen Diskurses auf solche Vereinfachungen zu verzichten, die hinter den Stand des verfügbaren wissenschaftlichen Wissens und sachlich gebotener Differenzierungen zurückfallen. Zu diesem Wissen gehört auch, dass die politische und mediale Thematisierung von Kriminalität regelmäßig mit Dramatisierungen, Vereinfachungen und trivialsoziologischen Konstruktionen verdächtiger Gruppen einhergeht, auf deren Problematisierung nicht verzichtet werden kann. Zu diesen trivialsoziologischen Verdachtskonstruktionen trägt aber eine Forschung bei, die mit theoretisch unreflektierten sozialen Klassifikationen operiert und auf dieser Grundlage Korrelationen, etwa zwischen muslimischer Religionszugehörigkeit und der in standardisierten Befragungen erhobenen Aussagen zu individueller Gewaltbereitschaft, berechnet und diese dann zu ethnisierenden Generalisierungen wie dieser zusammenfasst: „Eine deutlich höhere Gewaltaffinität junger Muslime ist auch multivariat nachweisbar; sie lässt sich nicht durch eine erhöhte soziale Benachteiligung junger Muslime allein erklären." (Brettfeld und Wetzels 2007:312). Dass die daran anschließende Information, dass die Differenz zwischen Muslimen und Nicht-Muslimen sich statistisch jedoch auflöst, wenn der Einfluss „traditioneller Vorstellungen von Männlichkeit" kontrolliert wird (ebd.) und in der politischen Interpretation der Studie verschwindet, erstaunt wenig. Damit ist darauf hingewiesen, dass kriminalsoziologische Forschung veranlasst ist, zwischen ethnisierenden bzw. sozialstrukturellen Klassifikationen und realen Gruppen zu unterscheiden, wenn höchst problematische Zuschreibungen vermieden werden sollen, die von einem vorurteilsbereiten politischen und medialen Diskurs bereitwillig aufgegriffen werden.

Dass *bestimmte* Ausprägungen von Armut und sozialer Ausgrenzung, wie sie für US-amerikanische Ghettos und französische Banlieues (siehe Dubet und Lapeyronnie 1983) beschrieben worden sind, *unter angebbaren Bedingungen*, gleichwohl aber nur *bei einem Teil* der Benachteiligten und Deklassierten zu *bestimmten* Formen kriminalisierbaren Verhaltens führen, insbesondere zu Jugendgewalt und zur Entwicklung einer Drogenökonomie, kann als unstrittig gelten (siehe dazu auch Groenemeyer 2005; Kersten 2002). Unstrittig ist aber auch, dass die überwiegende Mehrzahl auch derjenigen, die gravierenden sozialen Benachteiligungen unterliegen, keine Delikte begehen. Dieser offenkundige Sachverhalt wird aber gewöhnlich nicht mitgeteilt, wenn Zusammenhänge zwischen sozialer Lage und Kriminalität dargestellt werden.

Wissenschaftliche Analysen, die Zusammenhänge zwischen sozialer Lage und Kriminalität in den Blick nehmen, übersetzen sie zwar keineswegs direkt in gesellschaftlich verbreitete Bedrohungswahrnehmungen und – auch in Zeiten der ökonomischen Krise – keineswegs notwendig in die Vorstellung, sich zuspitzender gesellschaftlicher Desintegrationsprozesse, von denen zu erwarten ist, dass sie mit bedrohlich ansteigender Kriminalität einhergehen. Vielmehr bedarf es eines eigenständigen politischen und medialen Diskurses, damit sich die sprichwörtliche „Angst der Mittelklassen vor dem Absturz" in Kriminalitätsfurcht sowie die Zustimmung zu punitiven Konzepten transformiert.

An den einschlägigen sozialwissenschaftlichen Diskurs ist jedoch die Frage zu adressieren, wie es zu vermeiden ist, dass sich wissenschaftliche Forschung in einen solchen Diskurs, der der ‚Logik des Verdachts‘ folgt, verstrickt und damit zur Legitimationsbeschaffung punitiver Strategien beiträgt. Dies ist – so meine abschließende These – im Rahmen einer Forschung, die die Untersuchung von Gewalt und Kriminalität nicht in eine Analyse der heterogenen Bewältigungsformen von Armut und politischen Strategien im Umgang mit Armut und Ausgrenzung einbettet, kaum vermeidbar. Denn eine solche Forschung erzeugt immer wieder Darstellungen eines mehr oder weniger direkten Bedingungszusammenhanges und etabliert Erwartungen, die sich in der politischen und medialen Kommunikation in Varianten des Bildes der ‚gefährlichen Unterklassen‘ transformieren. Zudem ist es generell außerordentlich fraglich, ob sich der Begriff Kriminalität als Explanandum in sozialwissenschaftlichen Theorien eignet, da dieser bekanntlich auf höchst heterogene Ereignisse bzw. Handlungsweisen verweist.

Analoges gilt für eine Forschung, die islamische Religiosität als mögliche Ursache von Terrorismus in den Blick nimmt (vgl. Brettfeld und Wetzels 2007), ohne, wie von Islamwissenschaftlern gefordert, die spezifischen gesellschaftspolitischen Entstehungsbedingungen eines militanten Islamismus im arabischen Raum, insbesondere Ägypten und Saudi-Arabien, mit zu thematisieren und in der Folge dem Konstrukt eines Konfliktes der Werte und Kulturen verhaftet bleibt, der die problematische Tradition des älteren Orientalismus fortschreibt (vgl. dazu kritisch Steinberg 2008; Ruf 2006).

Eine Soziologie, die Distanz zu ihrer unhintergehbaren Verstrickung in den politischen und medialen Diskurs wahren will, ist nach meinem Dafürhalten deshalb darauf verwiesen, empirische Forschung nicht an den begrifflichen Setzungen dieser Diskurse zu orientieren. Gesellschaftlich folgenreiche Konstrukte wie Kriminalität und Islamismus (aber nicht zuletzt auch Ethnizität und neuerdings Migrationshintergrund) sind als Grundlage wissenschaftlicher Forschung in dem Maße problematisch, wie ihre gegenstandskonstitutiven Implikationen theoretisch ungeklärt bleiben. Eine Forschung, die sich an den kategorialen Vorgaben politischer Diskurse orientiert, unterläuft bereits auf der Ebene ihrer Gegenstandskonstitution wissenschaftlich gebotene Differenzierungen und vergibt sich die Chance, politische Diskurse durch das Beharren auf eigenständige Perspektiven zu irritieren. Sie wird als praxisrelevante Forschung nachgefragt, dient als solche aber primär der Legitimierung bereits etablierter Sichtweisen und Strategien.

Folglich ist m. E. anzustreben, die Aufspaltung in eine kritisch-diskursanalytische oder ideologiekritische Forschung und eine pragmatisch anwendungsorientierte Empirie andererseits zu überwinden. Dazu ist es erforderlich, dass begriffskritische Analysen nicht allein als externe Kritik empirischer Forschung formuliert werden, sondern zur Entwicklung eigenständiger Forschungsdesigns führen. Diese Aufspaltung in begriffskritische Reflexionen einerseits und empirische Forschung andererseits erzeugt nach beiden Seiten hin Begrenzungen, die allein durch wechselseitige kritische Kommentierungen nicht überwunden werden können.

Literatur

Alber, Jens. 2006. Das „europäische Sozialmodell" und die USA. *Leviathan* 34(2): 208–241.

Aronson, Elliot, Timothy D. Wilson, und Robin M. Akert. 2004. *Sozialpsychologie*. 4. Aufl. München: Pearson Studium.

Bade, Klaus. 2013. *Kritik und Gewalt*. Bad Schwalbach.

Brettfeld, Karin, und Peter Wetzels. 2007. *Muslime in Deutschland*. Berlin: Bundesministerium des Innern. http://www.bmi.bund.de/cae/servlet/contentblob/139732/publication-File/14974/Muslime%20in%20Deutschland.pdf. Zugegriffen: 30. Aug. 2013.

Cremer-Schäfer, Helga, und Heinz Steinert. 1998. *Straflust und Repression*. Münster: Lit.

Dahme, Heinz-Jürgen, und Norbert Wohlfahrt. Hrsg. 2005. *Aktivierende Soziale Arbeit. Theorie, Handlungsfelder, Praxis*. Baltmannsweiler: Schneider Verlag Hohengehren.

Dollinger, Bernd. 2007. Sozialpolitik als Instrument der Lebenslaufkonstitution. *Zeitschrift für Sozialreform* 53(2): 147–164.

Dubet, Francois, und Didier Lapeyronnie. 1983. *Im Aus der Vorstädte. Der Zerfall der demokratischen Gesellschaft*. Stuttgart: Klett-Cotta.

Dünkel, Frieder. 2002. Der deutsche Strafvollzug im internationalen Vergleich. http://www.rsf.uni-greifswald.de/duenkel/publikationen/internet/sanktionenrechtstrafvollzug.html. Zugegriffen: 30. Aug. 2013.

Dünkel, Frieder, und Bernd Geng. 2013. Die Entwicklung der Strafgefangenenraten im nationalen und internationalen Vergleich. In *Zur Nicht-Wirkung von Sanktionen. Soziale Probleme*, Jg. 34, H. 1, Hrsg. Helumut Kury und Albert Scherr, 42–55.

Fischer-Lescano, Andreas, und Tillmann Löhr. 2007. *Menschen- und flüchtlingsrechtliche Anforderungen an Maßnahmen der Grenzkontrolle auf See*. Berlin: European Center for Constitutional and Human Rights (ECCHR). http://www.proasyl.de/fileadmin/proasyl/fm_redakteure/Asyl_in_Europa/Frontex/Gutachten_Geltung_MRe_auf_See_Sept._2007.pdf. Zugegriffen: 30. Aug. 2013.

Forschungsgesellschaft Flucht und Migration, Niedersächsischer Flüchtlingsrat e.V., Komitee für Grundrechte, und Demokratie, Hrsg. 2005. AusgeLagert. Exterritoriale Lager und der EU-Aufmarsch an den Mittelmeergrenzen (Flüchtlingsrat. Zeitschrift für Flüchtlingspolitik in Niedersachsen. Heft 110). Berlin. http://www.nds-fluerat.org/rundbr/ru%20110/RU%20110%20ohne%20Deckblatt.pdf. Zugegriffen: 30. Aug. 2013.

Fromm, Erich. 1966. *Die Furcht vor der Freiheit*. Stuttgart: dtv (am. org. 1941: Escape from Freedom. New York: Rinehart).

Funke, Hajo. 2008. Vom Landesvater zum Polarisierer. In *Ab nach Sibirien? Wie gefährlich ist unsere Jugend?*, Hrsg. M. Brumlik, 18–40. Weinheim: Beltz.

A. Scherr, *Kriminalität, innere Sicherheit und soziale Unsicherheit*, essentials,
DOI 10.1007/978-3-658-04383-4, © Springer Fachmedien Wiesbaden 2014

Garland, David. 2003. Die Kultur der ‚High Crime Societies'. In *Soziologie der Kriminalität* (Sonderheft 43 der Kölner Zeitschrift für Soziologie und Sozialpsychologie), Hrsg. D. Oberwittler und S. Karstedt, 36–68. Wiesbaden: VS – Verlag für Sozialwissenschaften.

Groenemeyer, Axel. 2005. Ordnungen der Exklusion – Ordnungen der Gewalt. Eine Frage der Ehre? Überlegungen zur Analyse des Zusammenhangs von Exklusion und Gewalt. *Soziale Probleme* 15(2):5–40.

Hassemer, Winfried. 2006. Sicherheit durch Strafrecht. *Höchstrichterliche Rechtsprechung im Strafrecht* 7(4):130–143. (http://www.hrr-strafrecht.de).

Heitmeyer, Wilhelm, und Jürgen Mansel. 2008. Gesellschaftliche Entwicklung und gruppen- bezogene Menschenfeindlichkeit. In *Deutsche Zustände. Folge 6*, Hrsg. W. Heitmeyer, 13–35. Frankfurt a.M.: Suhrkamp.

Heitmeyer, Wilhelm, Hrsg. 2012. *Deutsche Zustände. Folge 10*. Frankfurt a.M.

Hirsch, Joachim. 1980. *Der Sicherheitsstaat*. Frankfurt: EVA.

Hirsch, Burkhard. 2008. Action! Das Ritual des machtvollen Lehrlaufs. In *Grundrechte-Report 2007*, Hrsg. Till Müller-Heidelberg, Ulrich Finckh, Elke Steven, Moritz Assall, Jürgen Micksch, Wolfgang Kaleck, Martin Kutscha, Rolf Gössner, und Ulrich Engelfried, 14–24. Frankfurt a.M.: Fischer.

Hirtenlehner, Helmut. 2006. Kriminalitätsfurcht – Ausdruck generalisierter Ängste und schwindender Gewissheiten? *Kölner Zeitschrift für Soziologie und Sozialpsychologie* 2:307–331.

Institut für Demoskopie Allensbach. 2004. Ängste und Sorgen in Deutschland. *Allensbacher Berichte* 21:1–4.

Jung, Elmar. 2008. Front gegen Flüchtlinge. *Süddeutsche Zeitung* 19.8.2008:5.

Kampmeyer, Eva, und Jürgen Neumeyer, Hrsg. 1993. *Innere Unsicherheit. Eine kritische Be- standsaufnahme*. München: AG SPAK.

Kersten, Joachim. 2002. „Richtig männlich". Zum Kontext Geschlecht, Gemeinweisen und Kriminalität. In *Kritische Kriminologie und Soziale Arbeit. Impulse für professionelles Selbstverständnis und kritische-reflexive Handlungskompetenz*, Hrsg. R. Anhorn und F. Bettinger, 75–86. Weinheim: Juventa.

Kießling, Michael. 2008. *Der Strafvollzug in Deutschland – Fortschritt durch Förderalismus*. Freiburg: Max-Planck-Institut für ausländisches und internationales Strafrecht. (unver- öff. Manuskript).

Klimke, Daniela. 2013. Die Politische Ökonomie der Sicherheit. In *Zur Nicht-Wirkung von Sanktionen. Soziale Probleme*, Jg. 34, H. 1. Hrsg. Helmut Kury und Albert Scherr, 137–163.

Klose, Alexander, und Rottleuthner Hubert. 2008. Gesicherte Freiheit? Prokla. *Zeitschrift für kritische Sozialwissenschaft* 38(3):377–398.

Krasmann, Susanne. 2003. *Die Kriminalität der Gesellschaft. Zur Gouvernementalität der Ge- genwart*. Konstanz: UVK.

Kunz, Thomas. 2005. *Der Sicherheitsdiskurs. Die Innere Sicherheitspolitik und ihre Kritik*. Bie- lefeld: Transcript.

Kury, Helmut. 2008a. Mehr Sicherheit durch mehr Strafe? *Aus Politik und Zeitgeschichte*, 40(41):1–11. http://www.bpb.de/publikationen/TNF6B5.html.

Kury, Helmut, Hrsg. 2008b. *Fear on crime – Punitivity. New developments in theory and re- search*. Bochum: Universitätsverlag Dr. N. Brockmeyer.

Kury, Helmut, und Albert Scherr. 2013. Kritik des Strafgedankens. In *Zur (Nicht-)Wirkung von Sanktionen. Soziale Probleme*, Jg. 24, H. 1 Hrsg. Helmut Kury und Albert Scherr. 164–173.

Landau, Mark J., Sheldon Solomon, Jaime Arndt, Jeff Greenberg, Tom Pyszczynski, Claude H. Miller, Florette Cohen, und Daniel M. Ogilvie. 2004. Deliver us from Evil. The Effects of Mortality Salience und Reminders of 9/11 on Support for President Bush. *Personality and Social Psychology Bulletin* 30(9):1136–1150. http://www.apa.org/divisions/div46/images/landau.pdf.

Mahnkopf, Birgit. 2008. Unsicherheit für alle? *Informalisierung und Prekarisierung von Arbeit als Ausdrucksformen der Globalisierung von Unsicherheit.* http://igkultur.at/igkultur/kulturrisse/1114329221/1114507923. Zugegriffen: 30. Aug. 2013.

Müller-Heidelberg, Till, Ulrich Finckh, Elke Steven, Moritz Assall, Jürgen Micksch, Wolfgang Kaleck, Martin Kutscha, Rolf Gössner, und Ulrich Engelfried, Hrsg. 2007. *Grundrechte-Report 2007.* Frankfurt a.M.: Fischer.

Pelzer, Marei. 2008. Flucht ist kein Verbrechen. In *Grundrechte-Report 2007*, Hrsg. Till Müller-Heidelberg, Ulrich Finckh, Elke Steven, Moritz Assall, Jürgen Micksch, Wolfgang Kaleck, Martin Kutscha, Rolf Gössner, und Ulrich Engelfried, 51–54. Frankfurt a.M.: Fischer.

Pieper, Tobias. 2008. *Die Gegenwart der Lager – Zur Mikrophysik der Herrschaft in der deutschen Flüchtlingspolitik.* Münster: Lit.

Prantl, Heribert. 2008. *Der Terrorist als Gesetzgeber.* München: Droemer.

R+V Versicherung. 2007. Die sieben größten Ängste der Deutschen 1991–2006. http://www.ruv.de/de/presse/download/pdf/aengste_der_deutschen_2007/20070906_aengste2007_1991_2007_groesste_7.pdf. Zugegriffen: 30. Aug. 2013.

Ruf, Werner. 2006. Islam, Gewalt und westliche Ängste. Prokla. *Zeitschrift für kritische Sozialwissenschaft* 143:265–280.

Schäuble, Wolfgang. 2007. Vorwort. In *Muslime in Deutschland*, Hrsg. Karin Brettfeld und Peter Wetzels, 2–3 Berlin: Bundesministerium des Innern. Internetquelle: http://www.bmi.bund.de/cae/servlet/contentblob/139732/publicationFile/14974/Muslime%20in%20Deutschland.pdf.

Schäuble, Wolfang. 2008. Innere Sicherheit in Zeiten der Globalisierung (Rede von Bundesminister Dr. Wolfgang Schäuble zur Abschlussveranstaltung des Seminars für Sicherheitspolitik bei der Bundesakademie für Sicherheitspolitik am 27. Juni 2008 in Berlin). http://www.bmi.bund.de/cln_028/nn_662956/Internet/Content/Nachrichten/Reden/2008/06/BMSeminarSicherheitspolitik.html. Zugegriffen: 30. Aug. 2013.

Schäuble, Wolfgang, und Brigitte Zypries. 2006. Vorwort. In *Zweiter Periodischer Sicherheitsbericht*, Hrsg. BMI und BMJ, XLI–XLII. Berlin.

Scherr, Albert. 1997. Sicherheitsbedürfnisse, soziale Ausschließung und Kriminalisierung. *Kriminologisches Journal* 29(4):256–266.

Simon, Jonathan. 2007. *Governing through crime. How the war on crime transformed American democracy and created a culture of fear.* Oxford: Oxford University Press.

Sing, Martin. 2004. Ethik am Ground Zero. Krieg als moralische Mission. Demokratie und Islam als Kampfbegriffe zur Legitimierung politischer Gewalt. In *Wir können auch anders. Perspektiven von Demokratie und Partizipation*, Hrsg. N. Fröhler, S. Hürtgen, Ch. Schlüter, und M. Thiedke, 78–96. Münster: Westfälisches Dampfboot.

Sing, Martin. 2008. Auf dem Marktplatz der Islamgespenster. In *Das Unbehagen in der Islamwissenschaft*, Hrsg. A. Poya und M. Reinkowski, 171–192. Bielefeld: Transcript.

Stehr, Johannes. 2008. Soziale Ausschließung durch Kriminalisierung. In *Sozialer Ausschluss und Soziale Arbeit*, 2. Aufl., Hrsg. R. Anhorn, F. Bettinger, und J. Stehr, 319–334. Wiesbaden: VS-Verlag für Sozialwissenschaften.

Steinberg, Guido. 2008. Die Islamwissenschaft und der 11. September. In *Das Unbehagen in der Islamwissenschaft*, Hrsg. A. Poya und M. Reinkowski, 193–208. Bielefeld: Transcript.

Sutton, John R. 2004a. Imprisonment and Opportunity structures in modern western democracies. A bayesian hierarchical Analysis. http://www.soc.ucsb.edu/faculty/sutton/Design/Assets/Sutton%20Imprisonment%20and%20Opportunity%20Structures.pdf. Zugegriffen: 30. Aug. 2013.

Sutton, John R., 2004b. The Political Economy of Imprisonment in Affluent Western Democracies. *American Sociological Review* 69(2):170–185.

Unger, Roberto Magabeira. 2007. *Wider den Sachzwang. Für eine linke Politik*. Berlin: Klaus Wagenbach.

Wacquant, Loïc. 1997. Über Amerika als verkehrte Utopie. The Zone. In *Das Elend der Welt*, Hrsg. P. Bourdieu, 169–193. Konstanz: UVK.

Wacquant, Loïc. 2000. Über den Export des neuen strafrechtlichen Commonsense nach Europa. In *Soziale Ungleichheit, Kriminalität und Kriminalisierung*, Hrsg. W. Ludwig-Mayerhofer 85–118. Opladen: Leske + Budrich.

Wacquant, Loïc. 2002. Tödliche Symbiose. In *Theorie als Kampf? Zur politischen Soziologie Pierre Bourdieus*, Hrsg. U.H. Bittlingmayer, R. Eickelpasch, J. Kastner, und C. Rademacher, 269–318. Opladen: Leske + Budrich.

Wacquant, Loïc. 2005. Zur Militarisierung städtischer Marginalität. *Das Argument* 263:131–147.

Wacquant, Loïc. 2006. Bestrafung, Entpolitisierung, rassistische Einordnung. *Prokla* 143:203–222.

Wacquant, Loïc. 2008. Die Bedeutung des Gefängnisses für die neue Armut. *Prokla* 151:399–412.

Wacquant, Loïc. 2013. Der neoliberale Leviathan. *Prokla*, 169:677–698.